MUNDO RIPILICA: EXPLORANDO CORES E FORMAS

Coordenação de roteiros e produção criativa: Vanessa Fort
Direção de arte: Eduardo Nakamura
Criadores dos personagens, histórias, mundo e animação Mundo Ripilica: Beth Carmona, Bruno Baski, Eduardo Nakamura e Vanessa Fort

Editor: Luiz Vasconcelos
Coordenação editorial: Letícia Teófilo
Elaboração de conteúdo: Érica Borges Correa, Fernanda Felix e Gabrielly Saraiva
Revisão: Equipe Novo Século
Capa e diagramação: Nine Editorial

Texto de acordo com as normas do Novo Acordo Ortográfico da Língua Portuguesa (1990), em vigor desde 1º de janeiro de 2009.

Dados Internacionais de Catalogação na Publicação (CIP)
Angélica Ilacqua CRB-8/7057

Mundo Ripilica : explorando cores e formas / equipe Novo Século. -- Barueri, SP : Novo Século Editora, 2023.
16 p. : il., color.

ISBN 978-65-5561-684-2

1. Passatempos - Literatura infantil 2. Brincadeiras I. Equipe Novo Século

23-0941 CDD 793.7

Índice para catálogo sistemático:
1. Passatempos 793.7

Uma marca do Grupo Novo Século

Alameda Araguaia, 2190 - Bloco A - 11o andar - Conjunto 1111
cep 06455-000 - Alphaville Industrial, Barueri - sp - Brasil
Tel.: (11) 3699-7107 | Fax: (11) 3699-7323
www.gruponovoseculo.com.br | atendimento@gruponovoseculo.com.br

MUNDO RIPILICA: EXPLORANDO CORES E FORMAS

NS kids

SONHAR
imaginar
CRIAR e
RIPILICAR

OLÁ, TURMINHA!

EU SOU A

LILICA

E ESTES SÃO OS MEUS AMIGOS!

VAMOS CONHECER AS CORES E AS FORMAS?

Estas são as cores primárias:

AZUL

A cor azul é como a cor do céu

VERMELHO

A cor vermelha é como a cor de algumas flores

AMARELO

A cor amarela é como a cor do sol

Com as cores primárias conseguimos criar muitas outras cores!

Estas são as cores secundárias:

LARANJA

A cor laranja é como a cor da cenoura, e é feita com a mistura das cores vermelha e amarela

VERDE

A cor verde é como a cor das plantas, e é feita com a mistura das cores azul e amarela

ROXO

A cor roxa é como a cor do cogumelo, e é feita com a mistura das cores azul e vermelha

Você conhece as formas geométricas?

As formas geométricas são elementos que possuem formas, dimensões e tamanhos diferentes

O QUADRADO tem o formato parecido com o da malinha

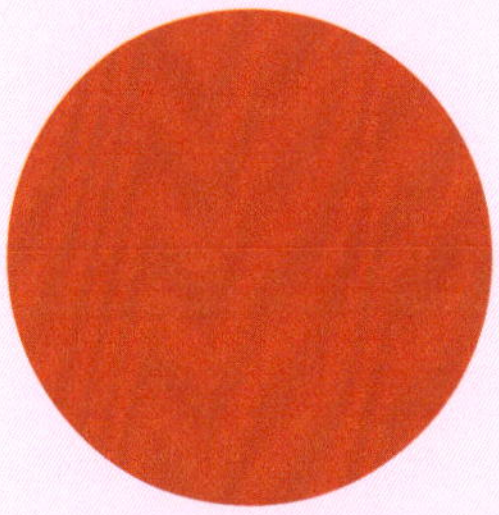

O CÍRCULO tem o formato parecido com um balão

O TRIÂNGULO tem o formato parecido com o do barquinho

Este é o PENTÁGONO, ele lembra o formato de um diamante

E este é o LOSANGO, ele se parece com um quadrado, você não acha?

Já o HEXÁGONO lembra uma estrela com suas 6 pontas!

Compartilhando propósitos e conectando pessoas
Visite nosso site e fique por dentro dos nossos lançamentos:
www.gruponovoseculo.com.br

Edição: 1ª